L'INSTRUCTION

POUR LE

SUFFRAGE UNIVERSEL

L'INSTRUCTION

POUR LE

SUFFRAGE UNIVERSEL

LYON

IMPRIMERIE DE P. MOUGIN-RUSAND

Rue Stella, 3.

—

1866

L'INSTRUCTION

POUR LE

SUFFRAGE UNIVERSEL

Le Suffrage universel, telle est la responsabilité que le peuple français a acceptée dès le 2 décembre 1851.

Par le rétablissement du Suffrage universel, qu'a-t-on accordé aux Français?

On leur a accordé la faculté d'émettre leur avis sur la forme du gouvernement. L'opinion a répondu à l'appel loyal qui lui fut fait par le prince Louis Napoléon, et elle l'a, en échange, investi du pouvoir dans son élection des 20 et 21 décembre, qui, par le plébiscite des 20 et 21 novembre 1852, fut définitivement désigné l'Empire.

Tels sont les faits qui l'ont rétabli.

A cette époque, la fatigue éprouvée par toute la France, durant trois années d'une autorité indécise, où chacun était incertain si le lendemain ne se lèverait pas sanglant ou agité, faisait sentir à tous la nécessité d'un pouvoir solide et respecté; tout alors fut favorable au rétablissement de l'Empire. Tous les consultés étaient compétents pour le demander, car tous craignaient également, et si jamais le vœu d'un peuple eut des droits, c'est celui qui, libre, s'est démontré en ce moment. Chacun ne voyait-il pas ce qu'il avait à demander par son vote? C'était le choix entre l'anarchie et la sécurité; l'anarchie promettant au pays des discussions interminables et tour-à-tour le triomphe de chaque parti; tandis que la sécurité s'entrevoyait probable en donnant la puissance à celui dont le nom rappelait tant de gloire, et si quelques-uns étaient flattés, tous étaient rassurés. Tous ceux qui portaient leur *Oui* au scrutin savaient qu'ils demandaient la force pour l'expérience qui, favorisée par de récentes circonstances, avait pu parvenir à l'appréciation même des moins bien informés.

Mais le Suffrage universel est-il autant éclairé qu'en cette occasion chaque fois qu'on y a recours?

Je doute de la compétence de la masse, lorsque les colléges réunis procèdent à l'élection ordinaire.

Le Suffrage universel est la voix du peuple; or c'est une puissance, et en l'état, elle est insuffisamment éclairée pour désigner son opinion à son mandataire, parce que les électeurs se divisent en deux catégories trop inégales, et qui sont celle des *influencés* et celle des *éclairés*.

Les premiers sont malheureusement beaucoup trop nombreux, et si je les désigne ainsi, c'est que la généralité ne s'occupe pas de l'importance d'une opinion, ne s'en rend pas compte, par ignorance ou par négligence, et subit celle d'autrui.

Combien ne choisissent tel candidat que parce qu'il est patronné par le gouvernement, et que ce titre est suffisant à leurs yeux. Si c'est le fait d'une confiance sans bornes, le conseil qu'on demande par le Suffrage est superflu. Je les crois autant influencés que la grande quantité qui suit l'opinion voisine, suivant ses rapports particuliers. Donc cette majorité des électeurs, qui va chercher l'opinion à domicile, se trouve à l'entière discrétion de la deuxième catégorie qui comprend tout ce qui a bénéficié de l'instruction. Cette classe satisfaite, tout est pour le mieux. Elle seule s'entend, car elle seule parle, elle seule sait parler. Mais quel gouvernement peut contenter tout le monde, apaiser tous les cris?

Le mécontentement a trop de prise sur l'ignorance dont il sait flatter les passions; c'est ce qui fait que le gouvernement demandé par tous peut être inquiété par quelques-uns qui entraînent la majorité, mais ne l'ont pas.

Le citoyen satisfait a confiance, il agit personnellement, et s'il conseille, ses conseils s'étendent à une faible fraction d'influences. Mais le mécontent se passionne, et n'est-il pas essentiel d'éviter ses égarements? La majorité ignorante étant à sa disposition, la sécurité ne diminue-t-elle pas pour tous? Si la majorité, la masse des électeurs était suffisamment éclairée, le danger n'existerait pas. Là donc est le défaut qu'il faut corriger.

Ne peut-on espérer obtenir des électeurs, à même de comprendre, ce que l'on veut par leur avis? Quand, dans une réunion de gens instruits, on procède à une élection, le choix n'est-il pas généralement conforme à l'objet de la réunion? Sans exiger de chaque électeur les connaissances nécessaires aux *conseillers généraux*, n'existe-t-il pas des éléments accessibles, par mille moyens, à tous les citoyens, et au moins aussi indispensables à chacun, pour leur bonne direction, que peut l'être à un gouvernement un vote trop souvent insignifiant en raison de son origine?

Si l'on ne veut des électeurs qu'une opération mécanique, le Suffrage universel est un mineur dont l'opinion se détourne à volonté et est par conséquent sans valeur.

Il faut que l'électeur sache et comprenne qu'il désigne tel citoyen de préférence à tout autre, simplement parce qu'il le croit plus apte à défendre ses intérêts de Français, d'où la nécessité de donner à chacun l'instruction qui lui est *indispensable* pour remplir ses devoirs de citoyen. Résultat qu'on n'obtiendra que par l'établissement d'écoles primaires réglementées, de telle sorte que les futurs électeurs y puissent acquérir les notions indispensables à l'exercice intelligent de leur rôle dans la société.

Pourquoi prétendre que l'instruction obligatoire compromet la liberté des pères de famille et autres?...

Il n'est pas question d'imposer à chacun une instruction uniforme par la manière de l'acquérir, et qui en facilitant lés uns asservirait les autres. La liberté n'est pas froissée par les obligations imposées au citoyen de certains devoirs envers ses semblables. Parce que la société veut que chacun de ses membres soit libre, doit-elle négliger de mettre à leur portée les connaissances nécessaires à l'exé-

cution de leurs devoirs? Pourquoi leur donner des devoirs
à remplir, si, soumis à une influence et susceptibles d'é-
mettre une opinion que leur conscience n'est pas capable
de formuler, ils sont hors d'état de comprendre leurs intérêts?

Doit-on impunément leur laisser engager ceux d'autrui?
et n'est-on pas en droit de demander que, solidaires l'un
de l'autre, le gouvernement impose telle instruction qu'il
peut acquérir gratuitement à l'électeur, et que celui-ci ne
jouisse de son droit de donner son avis que lorsqu'il est
capable de le comprendre? Un muet peut-il expliquer sa
conduite, et n'est-il pas muet celui que la négligence ou
l'impossibilité a condamné à l'ignorance de sa valeur?

On exige bien certaines connaissances relatives d'un
moindre employé d'administration ! Du jour où il est électeur, le citoyen ne remplit-il pas, dans son pays, un em-
ploi assez sérieux pour qu'il implique une instruction et un
jugement qui le mettent à même de discerner ses devoirs?

Il faut le Suffrage universel, mais l'éclairer par l'instruction gratuite pour tous.

Le Suffrage universel n'existe pas en 1866 : sur dix mil-
lions d'électeurs, un nombre trop restreint jouit de la
faculté de comprendre ses démarches.

Ce n'est encore qu'une simple satisfaction donnée à
l'opinion publique, car la masse est toujours un instrument qu'une cabale quelconque conduit à volonté !

Il faut donc l'instruction primaire gratuite et obligatoire, pour que tous soient par elle mis en voie de connaître, et, pour complément, la possibilité pour tous d'étendre leurs connaissances suivant leurs besoins, leurs goûts, leur situation.

Mis en voie de connaître par l'école primaire, l'électeur ne sera pas plus compétent dans le choix qui lui sera proposé, s'il ne sait, de plus qu'aujourd'hui, qu'écrire le nom de son candidat et confectionner son bulletin sans secours.

Combien de gens restent convaincus que tel homme richement établi et qui a été à même de leur rendre service à eux ou à quelqu'un des leurs, est celui que leurs votes doivent désigner pour faire valoir leurs intérêts dans les diverses représentations électives. Ce choix sera-t-il opportun si l'homme personnel n'est pas l'homme local, et, en d'autres circonstances, si l'homme local n'est pas celui de l'intérêt général ?

Il y a une foule de nuances que ne saisissent pas les électeurs et qu'ils ne saisiront pas, si on ne les leur désigne en éclairant leur jugement autrement que par les coteries passionnées qui surgissent aux jours de luttes électorales.

Les grandes villes, dont l'agglomération faciliterait des cours de conduite civique, ont un grand nombre de leurs habitants, même de ceux qui ont suivi les écoles primaires actuelles, qui ne sauraient quelle conduite tenir vis-à-vis d'un candidat, et se laissent influencer par des sollicitations étrangères qui égarent quelquefois de bons sentiments, ou de leur faiblesse arrachent l'indifférence.

Que doit-il donc se passer dans les populations rurales constamment en contact avec l'ignorance, qui n'ont connu, dans leur enfance, que les exagérations ou les frayeurs qui seules leur restent d'une éducation religieuse ébauchée? Cette population, à laquelle on apprend trop la crainte, est surtout défiante et n'est impressionnable que pour ce qu'elle croit puissant, parce qu'elle craint la puissance et ne s'en rend pas compte.

Verra-t-on là des électeurs? Ils jouissent du Suffrage universel, mais ne le pratiquent pas; car, s'ils l'appliquent, c'est pour émettre l'opinion qui a influencé la leur.

Chez ceux-là, surtout, le jour où l'école primaire leur sera imposée, le but ne sera pas atteint s'ils n'y apprennent qu'à lire, écrire et compter.....

Outre que le futur électeur doit connaître ces choses, le jugement doit être développé chez l'enfant avec sa mémoire, et c'est bien plus nécessaire (quoique ce le soit pour tous) à celui que sa position sociale écarte des foyers intellectuels.

Ne vaudrait-il pas mieux employer l'application qu'on exige de toutes les jeunes intelligences à former leur jugement qu'à apprendre cette foule de choses qu'elles oublient, parce qu'elles sont en dehors des connaissances usuelles et essentielles pour tous? Elles ne sont si souvent bornées que faute d'exercice. Si on faisait entrevoir aux enfants l'avenir, leur mission dans la société, tous à l'envi s'efforceraient d'apprendre, par une insignifiante aptitude alors et par des questions que l'homme fait répugne d'adresser, ce que nécessitera d'eux la faculté d'indiquer ce qui leur est utile. Ils apprendront bien mieux tout jeunes ce qu'ils seront appelés à souhaiter étant hommes. D'ailleurs, marchant d'années en années à une expérience qui, par sa simplicité, est facile à obtenir, d'être doués avant tout et surtout dès l'enfance, de l'instinct de la vie commune, et habitués de bonne heure à juger ce qu'ils doivent à leurs semblables et à compter sur eux dans certaines limites : ils s'identifieront avec les obligations qu'ils auront envers eux.

Le but est-il impossible à atteindre? Ne voit-on pas tous les jours, grâce à l'initiative de citoyens zélés, s'établir de toutes parts des bibliothèques, des cours, des conférences... tout cela en vue de l'instruction des masses?

Mais l'action de ces mesures toutes locales et individuelles est loin d'être aussi prompte que l'importance de la question le mérite.

Ne serait-il pas bon qu'avant tout le gouvernement donne à la nation qui possède l'instrument, les connaissances nécessaires pour s'en servir à son profit à elle, au lieu de le laisser exposé à devenir, en tant de cas, contre elle, l'expression et la force d'une minorité passionnée ou de toute autre volonté que la sienne?

Y a-t-il un danger pour un gouvernement à initier l'électeur dans la conduite qu'il doit tenir pour son intérêt et celui du pays? N'est-il pas préférable que l'opinion ressorte de l'éducation plutôt que de l'influence?

Pourquoi retarder l'établissement d'un système qui nous approchera certainement mieux que tout de l'époque où nous pourrons sans crainte envisager les libertés qui nous manquent et en jouir comme un peuple capable et digne d'en jouir?

Qu'on rende tout électeur capable par l'école primaire gratuite obligatoire, et qu'on la complète par des notions de conduite civique.

Les journaux, les livres, rien de ce qui pourrait les éclairer, les instruire, n'arrive sous les yeux des deux tiers de nos électeurs.

Pourquoi, en outre de tout ce qu'il faudait établir et qui serait possible dans toutes les agglomérations plus ou moins importantes? Pourquoi les instituteurs, par exemple (plus nombreux, plus instruits même), en plus de leur école, ne feraient-ils, dans chaque commune, des cours où se pourrait retremper l'intelligence de bien des hommes et des jeunes gens très-désireux d'apprendre, et qui ne manquent que d'occasions pour apprendre? Serait-il impossible, ruineux ou inutile d'organiser partout des conférences dont tant d'ouvrages trop peu lus formeraient la matière, et qu'un corps spécial, qui en serait chargé, viendrait expliquer, conseiller à toutes les populations?

En somme, l'instruction primaire et l'éducation civique sont les réformes indispensables à apporter pour atteindre promptement l'accord du pouvoir et de la liberté.

Si tous les électeurs étaient instruits, même dans les limites restreintes de l'école primaire actuelle, la coterie n'aurait pas de prise sur eux, si leur jugement était entretenu de bons conseils par des gens impartiaux, désintéressés, leur formant une opinion qui parviendrait au pouvoir dégagée de toute falsification.

Organisez donc un système d'éducation spécial à l'électeur; mettez-le à la portée de tous, et si vous lui laissez le contrôle de l'opinion pour la liberté des systèmes particuliers, suivant votre impartialité, la masse que vous éclairerez fera justice de l'opposition, et vous aurez la vraie force appuyée sur la vraie puissance qui, alors, sera le Suffrage universel.

La masse est bonne, ce n'est que l'ignorance qui la rend susceptible de se laisser gagner à l'erreur. Causez avec un habitant de nos grands centres industriels; raisonnez avec lui. Quelle que soit sa position sociale, vous obtiendrez toujours (sauf des natures perverties) de lui faire entendre raison, si vous mettez sa conscience à l'abri et lui montrez l'intérêt général dans votre opinion.

Mais, comme n'importe qui fera des efforts de rhétorique obtiendrait le même résultat, prenez cette nature jeune, et jeune désignez-lui son devoir appuyé sur la morale et conforme aux lois du bon sens; à moins d'être particulièrement intéressé au contraire, l'homme se rangera, malgré l'avis différent, à ce que sa conscience lui désignera de l'intérêt commun.

Il en sera de même de toute la population qui aura bénéficié de l'instruction qui lui manque, et on arrivera à la *prodiguer à chacun, en s'occupant beaucoup plus sérieuse-ment de toutes les écoles,* et en faisant tous les importants sacrifices que nécessitera cette question. Tous les efforts d'un gouvernement ne craignant pas d'être jugé, ne doi-vent-ils pas tendre à obtenir le plus grand nombre possible d'électeurs compétents ?

Certainement nous sommes heureusement pourvus d'illustrations dignes de défendre les intérêts français dans toutes les positions élevées ; nous avons des hommes très-capables de représenter le pays, dans toutes ces posi-tions que l'on devrait nommer les *tribunes du peuple.* La masse seule des électeurs a besoin de lumières, et cette masse est et sera le prétexte constant de tous les mécon-tents, la force qu'ils manœuvreront toujours supérieure-ment, en même temps qu'un obstacle à la réunion du pou-voir à la liberté.

Dès qu'elle sera instruite, l'opinion qui rendra claire-ment le vœu du pays aura raison de tous les égarements qui se feront jour, et dès qu'elle reconnaîtra l'opportunité d'une chose, cette opinion sera l'incontestable messagère de la liberté auprès du pouvoir qu'elle a voulu.

Émile RIGAT.

Lyon, impr. de P. Mougin-Rusand.